Lucie Guchet

Comprendre les successions...

50 règles indispensables à connaître !

EDITIONS DU PUITS FLEURI
77850 HERICY - France

Crédit photo couverture :

- Csp1873126 © monkeybusiness - Canstockphoto.fr

ISBN : 978-2-86739-512-3

Introduction

Le droit des successions est l'ensemble des droits et des règles juridiques et fiscales qui régissent la transmission du patrimoine d'une personne lors du décès.

Le droit des successions est d'une extrême complexité parce qu'il requiert des données aussi diverses que variées : les héritiers, la valeur des biens, les donations préalables… Et imbriquer le tout n'est pas simple.

Aussi, que vous vouliez préparer votre propre succession ou que vous soyez héritier, voilà les 50 règles primordiales à connaître !

Au sommaire :

Règle 1

Savoir de quoi on parle... Les définitions essentielles à connaître !

Actes d'administration : actes relatifs à l'administration d'un bien, à sa gérance, mais n'engageant pas la propriété de ce bien.

Actes authentiques : actes dressés par un officier public (notaire).

Actes conservatoires : actes qui conservent des droits.

Acte de disposition : acte disposant d'un bien en le vendant ou en l'aliénant à long terme par exemple.

Acte extrajudiciaire : acte fait par l'entremise d'un huissier en dehors de tout procès.

Acte notarié : acte passé par un notaire lui donnant la valeur de preuve formelle.

Acte de notoriété : attestation d'un fait notoire et constant établie par deux ou plusieurs témoins devant le juge ou devant le notaire.

Acte sous seing privé : acte passé sans l'intervention d'un notaire, qui acquiert date certaine le jour de son enregistrement.

Action en répétition : action en remboursement de l'indû.

Ascendants : père, mère, grands-parents, biaïeuls, trisaïeuls...

Assiette matérielle : somme sur laquelle s'établit l'imposition.

Attributaire : celui qui reçoit ce qui lui revient.

Biens corporels : maison, bijoux...

Biens immeubles ou immobiliers : biens qui par nature sont fixés au sol (terrain, maison, usine, végétaux non arrachés...) ou qui sont l'accessoire de tels biens (outillage, animaux d'élevages...), ainsi que les droits immobiliers (usufruit, servitudes...).

Biens incorporels : droit de créance, usufruit, servitude…

Biens meubles ou mobiliers : tous les biens qui ne sont pas des biens immeubles (bijoux, récoltes, actions et obligations, animaux domestiques…).

Biens propres : biens ne tombant pas dans la communauté.

Collatéraux : frères et sœurs, oncles et tantes, cousins et cousines.

Curateur : personne désignée pour assister les incapables.

Droits réels : droits attachés à la propriété, indépendamment du propriétaire ou de la personne qui en a la jouissance.

Emolument : rémunération due à un officier public ou actif recueilli dans une succession.

Exécuteur testamentaire : personne désignée par le défunt pour répartir sa succession conformément à son testament.

Exécutoire : ordre donné par le magistrat à tout huissier de procéder à l'exécution d'un jugement.

Fruit : produit d'un bien.

Gratifié : celui qui a reçu une libéralité.

Hérédité – Héréditaire : biens laissés par le défunt.

Héritier : celui qui devient propriétaire des biens du défunt, soit par la loi, soit par testament, sous réserve de legs particuliers.

Héritier universel ou à titre universel : héritier autre que les héritiers légaux qui reçoivent la totalité ou une partie seulement de la succession.

Hors part : donation faite par le défunt de son vivant, éventuellement par testament, attribuant à un successeur un ou plusieurs biens de la succession en le dispensant de rapport.

Indivisaire : se dit de toute personne qui prend part à l'indivision.

Légataire : bénéficiaire d'un legs.

Légataire particulier : bénéficiaire d'un legs bien déterminé.

Légataire à titre universel : bénéficiaire d'un legs représentant une quote-part de la succession.

Légataire universel : bénéficiaire d'un legs représentant la totalité de la succession.

Legs : donation, faite par testament à une personne non héritière de par la loi.

Libéralité : donation ou legs.

Mandant : celui qui donne un mandat.

Mandat : pouvoir donné par une personne à une autre personne d'accomplir un ou plusieurs actes en son nom.

Mandataire : celui qui reçoit un mandat.

Meubles incorporels : biens non immeubles non représentés par des objets.

Meubles meublants : le mobilier, les objets et installations mobiles garnissant un appartement ou un local.

Nue-propriété : propriété d'une chose dont on n'a pas la jouissance.

Pleine propriété : propriété d'un bien sans aucune restriction.

Possession : détenir ou posséder un bien sans en être le propriétaire.

Préciput : clause par laquelle un héritier a le droit de prélever avant tout partage de la succession certains objets ou une somme déterminée.

Privilège : droit de certains créanciers d'être payés de préférence à d'autres.

Quotité disponible : part du patrimoine dont un individu peut librement disposer, soit par donation, soit par testament.

Réservataire : héritier auquel échoit obligatoirement une quote-part de la succession, le défunt ne pouvant pas en disposer.

Réserve : partie de la succession qui échoit obligatoirement aux réservataires.

Soulte : solde à payer représentant l'excédent d'une valeur sur une autre, en cas d'échange de deux valeurs.

L'ouverture de la succession : Où ? Quand ? Comment ?

Règle 2

C'est l'article 720 du Code civil qui spécifie que les successions s'ouvrent par la mort, au dernier domicile du défunt.

A cet effet, la date du décès va être primordiale parce que de ce moment précis va découler l'ensemble des droits dévolus par la succession du défunt.

Il en est ainsi :
— des droits des héritiers,
— de l'appréciation de la qualité et de la capacité des héritiers,
— de l'évaluation des biens dédiés à la succession.

La date de décès sera officiellement celle qui est spécifiée sur l'acte de décès délivré par le bureau de l'état civil de la mairie de la commune où le décès a eu lieu.

Le dernier domicile du défunt sera celui où il habitait habituellement à titre principal... S'il a gardé son logement personnel, sa maison de retraite ne serait être considérée comme son dernier domicile.

Ce lieu déterminera la compétence territoriale du tribunal de grande instance en cas de procès se rattachant à la succession et/ou au partage.

Notons que la succession concerne les biens qui n'ont pas fait l'objet de libéralités.

Toute personne peut-elle hériter ?

Règle 3

■ Il faut exister au moment de l'ouverture de la succession, ou être né viable. La question peut paraître inutile, voire ridicule… Il y a eu pourtant des cas de jurisprudence où la question s'est avérée problématique lorsque l'enfant héritier n'a survécu que quelques jours notamment.

Aussi, la preuve de l'existence de l'enfant résulte de son acte de naissance… L'acte d'état civil de l'enfant né viable mentionnera sa naissance mais également son décès.

■ Rappelons que l'absence, même prolongée, n'est pas une preuve de décès. Aussi, la personne absente ou disparue ne sera pas écartée de la succession tant que sa mort ne sera pas retranscrite sur le registre de décès.

■ Lorsque deux personnes qui avaient vocation à succéder l'une à l'autre, meurent dans un même accident, l'ordre des décès est établi par tous moyens... A défaut de pouvoir, il n'y aura pas de succession l'une envers l'autre. A moins, qu'il y ait des descendants susceptibles de représenter leur parent décédé.

■ Est exclue de la succession, la personne qui aura été condamnée pour :

— avoir porté atteinte volontairement à la vie du défunt,
— avoir porté atteinte à la vie du défunt sans intention de la donner.

■ Enfin, les étrangers auront le droit de succéder, de disposer et de recevoir de la même manière qu'un français.

Règle 4

Et quand la situation familiale est chaotique... ?

Il apparaît que, dans certaines situations familiales, il faut prouver sa qualité d'héritier.

On parlera alors de :
— certificat de propriété pour les valeurs mobilières, délivré par le juge d'instance ou le greffier du tribunal de grande instance,
— attestation de propriété pour les biens immobiliers, également délivré par le juge d'instance ou le greffier du tribunal de grande instance,
— certificat d'hérédité pour les objets mobiliers, créances et pensions faibles, délivré par le maire ou le greffier du tribunal de grande instance,
— acte de notoriété, le plus commun, délivré par un notaire.

Règle 5

Qui hérite ?

Le titre d'héritier va suivre un ordre bien déterminé. Aussi, en l'absence de conjoint successible (marié, non divorcé, non séparé de corps), seront appelés à la succession par ordre strictement :

— les enfants et leurs descendants,
— les père et mère, les frères et sœurs et leurs descendants,
— les ascendants autres que les père et mère,
— les collatéraux autres que les frères et sœurs, et leurs descendants.

■ **Soit le défunt ne laisse ni descendant, ni frère et sœur, ni descendant de ces derniers**... Ses père et mère lui succèdent, chacun pour moitié.

■ **Soit les père et mère sont décédés avant le défunt et que le défunt n'a pas de descendant**, les frère et sœur du défunt ou leurs descendants lui succèdent, à l'exclusion des autres parents, ascendants ou collatéraux.

■ **Soit le défunt n'a pas de descendant, mais des père et mère, des frère et sœur ou des-**

cendant de ces derniers, la succession est dévolue :
— pour un quart, à chacun des père et mère ;
— pour la moitié restante, aux frère et sœur et leurs descendance.

■ **Soit le défunt n'a qu'un seul des père et mère survivant**, la succession est dévolue :
— un quart au père ou mère survivant ;
— trois quarts aux frère et sœur ou descendant.

■ **Soit le défunt n'a ni descendant, ni frère et sœur, ni descendant de ces derniers, mais a un père ou mère survivant et un ou des ascendants de l'autre branche que celle de son père ou de sa mère survivant**, la succession est dévolue :
— pour moitié à son père ou mère survivant ;
— pour moitié aux ascendants de l'autre branche.

■ **Soit le défunt n'a plus que ses ascendants autres que les père et mère**, la succession est dévolue aux ascendants de troisième ordre : grands-parents, biaïeuls...

■ **Soit le défunt n'a plus de famille des trois premiers ordres**, alors la succession est dévolue aux parents collatéraux de quatrième ordre : oncles, tantes, cousins...

Règle 6

Les droits du conjoint

Le conjoint successible (marié, non divorcé, non séparé de corps) est appelé à la succession soit seul, soit en concours avec les parents du défunt.

■ **Soit les époux ont des enfants communs**, le conjoint survivant recueille, à son choix, l'usufruit de la totalité des biens ou la propriété du quart des biens. A défaut de choix dans les 3 mois, le conjoint est réputé avoir opté pour l'usufruit.

■ **Soit les époux ont des enfants non issus de leur union**, le conjoint survivant recueille la propriété du quart des biens, sans possibilité d'usufruit.

■ **Soit les époux n'ont pas d'enfant ou de descendant, les père et mère sont survivants**, le conjoint survivant recueille la moitié des biens, l'autre moitié est dévolue pour un quart au père, pour un quart à la mère.

Si le père ou la mère est décédé, le quart lui revenant revient au conjoint survivant.

■ **Soit les époux n'ont pas d'enfant ou descendant, les père et mère sont décédés**, le conjoint survivant recueille la totalité de la succession.

■ **Si le père ou la mère est décédé, que le défunt avait hérité de biens par succession ou donation**, en l'absence de descendant, ces biens en nature sont dévolus pour moitié aux frère et sœur (ou de leurs descendants) du défunt.

■ **Si le conjoint survivant recueille la totalité de la succession**, il pourra devoir une pension aux ascendants dans le besoin.

Règle 7

Le conjoint survivant : conversion de l'usufruit

Il peut également résulter d'un testament ou d'une donation de biens à venir, que l'usufruit appartenant au conjoint sur les biens de son époux décédé soit converti en rente viagère ou en capital, à la demande de l'un des héritiers nus-propriétaires ou du conjoint successible lui-même.

A défaut d'accord entre les parties, la demande sera soumise au juge.

Le conjoint survivant : son droit au logement

Règle 8

■ **Le conjoint a un droit de jouissance gratuite du logement pendant un an**, si à l'époque du décès, le conjoint successible occupe effectivement le logement appartenant aux deux époux (mariés ou pacsés) ou dépendant totalement de la succession, à titre d'habitation principale.

Si leur habitation était assurée par un bail à loyer ou était un logement pour partie indivise au défunt, les loyers ou l'indemnité d'occupation lui seront remboursés par la succession pendant l'année, au fur et à mesure de leur acquittement.

■ **Le conjoint a un droit d'habitation sur le logement et un droit d'usage sur le mobilier de la succession garnissant ce logement, jusqu'à**

son décès, sauf volonté contraire du défunt exprimée par acte authentique. Il disposera d'un an pour exprimer sa volonté d'en bénéficier.

S'il s'avère que ce logement n'est plus adapté à ses besoins, le conjoint survivant ou son représentant peut le louer à usage autre que commercial ou agricole, afin de dégager des ressources nécessaires à son statut.

Le conjoint devra entretenir le logement et contribuer aux frais nécessités par cet entretien, soit pour la totalité du logement s'il l'occupe entièrement, soit sur la seule partie qu'il occupe.

La valeur des droits d'habitation et d'usage s'impute sur la valeur des droits successoraux :
— soit elle est inférieure aux droits successoraux : le conjoint pourra prendre le complément sur les biens existants ;
— soit elle est supérieure, le conjoint n'est pas tenu à combler la différence.

Règle 9

Le conjoint survivant : son droit à pension

La succession du défunt doit une pension au conjoint successible qui est dans le besoin. Le délai pour la réclamer est d'un an à partir du décès ou du moment où les héritiers cessent d'acquitter les prestations qu'ils fournissaient auparavant au conjoint. Le délai se prolonge, en cas d'indivision, jusqu'à l'achèvement du partage.

La pension alimentaire est prélevée sur la succession. Elle est supportée par tous les héritiers et, en cas d'insuffisance, par tous les légataires particuliers, proportionnellement à leur émolument.

Règle 10

La saisine des héritiers, quand et comment ?

La saisine des héritiers signifie que les héritiers rentrent en possession de l'héritage sans formalités particulières. Seront visés les héritiers réguliers, c'est-à-dire directs.

La saisine est individuelle et successive, en d'autres termes elle appartient exclusivement à l'héritier le plus proche. Elle ne passe aux héritiers des degrés inférieurs qu'à défaut ou en cas de renonciation d'héritier au degré supérieur : le bénéfice de la saisine se transmet alors de plein droit aux suivants.

Par l'effet de la saisine, l'héritier régulier est en possession des biens et des fruits de ces biens dès le décès du défunt. Il peut, dès lors, exercer tous les droits et actions du défunt, notamment poursuivre les débiteurs de la succession.

Inversement, les créanciers de la succession pourront se retourner contre l'héritier régulier.

S'il existe des héritiers réservataires (héritiers auxquels revient obligatoirement une quote-part de la succession), ces héritiers sont saisis de plein droit, au décès du défunt, de tous les biens de la succession... Aussi, le légataire universel est tenu de leur demander la délivrance des biens compris dans le testament.

S'il n'y a pas d'héritier réservataire, alors le légataire universel prendra possession de tous les biens sans autre formalité.

Règle 11

La demande de scellés

Un huissier de justice peut accomplir les mesures conservatoires qui s'imposent après le décès d'une personne. Ces mesures conservatoires sont, selon la valeur des biens trouvés sur place, l'apposition des scellés ou l'état descriptif.

Si les meubles sur place sont manifestement dénués de valeur marchande, l'huissier de justice dresse un procès-verbal de carence.

Lorsqu'un inventaire a été dressé, aucune mesure conservatoire ne peut être ordonnée, à moins que celui-ci ne soit attaqué.

Ces scellés pourront être demandés par toute personne ayant un droit sur la succession : le conjoint, l'exécuteur testamentaire, le propriétaire des lieux...

Règle 12

Conflit de succession : la pétition d'hérédité

La pétition d'hérédité est une action en justice par laquelle une personne qui se prétend héritier d'une autre personne décédée, réclame à celui ou ceux qui ont pris possession des biens de la succession, la reconnaissance de son droit.

A défaut d'accord, l'action sera portée devant le tribunal de grande instance du lieu d'ouverture de la succession.

Si l'action est fondée, seront alors restitués les biens de la succession, leurs fruits et revenus perçus depuis l'introduction de l'action… Cette action se prescrit par 30 ans.

Règle 13

Acceptation pure et simple de la succession

L'acceptation peut être expresse quand le successible accepte la succession par acte authentique (acte dressé par notaire) ou par acte sous seing privé (acte passé sans intervention d'un notaire).

L'acceptation peut être tacite quand le successible fait un acte qui suppose son intention d'accepter la succession.

Règle 14

Acceptation de la succession à concurrence de l'actif net

La loi permet à un héritier de déclarer qu'il n'entend prendre cette qualité qu'à concurrence de l'actif net. Cette déclaration doit être faite au greffe du Tribunal de grande instance dans le ressort duquel la succession est ouverte.

Cette déclaration est accompagnée ou suivie de l'inventaire de la succession qui comporte ainsi une estimation, article par article, des éléments de l'actif et du passif.

L'inventaire est établi par un commissaire-priseur judiciaire, un huissier ou un notaire.

Les avantages sont :
— d'éviter la confusion de ses biens personnels avec ceux de la succession ;

— conserver contre la succession tous les droits qu'il avait antérieurement sur les biens du défunt ;
— n'être tenu au paiement des dettes de la succession que jusqu'à concurrence de la valeur des biens qu'il a recueillis.

Les créanciers de la succession doivent déclarer leurs créances en notifiant leur titre au domicile élu de la succession.

Règle 15

Que se passe-t-il : si un hériter accepte la succession purement et simplement et un autre héritier à concurrence de l'actif net ?

■ Les règles applicables à l'acceptation à concurrence de l'actif net s'imposent à tous les héritiers jusqu'au jour du partage.

■ Les créanciers peuvent provoquer le partage dès lors qu'ils justifient de difficultés dans le recouvrement de la part de leur créance incombant aux héritiers acceptant à concurrence de l'actif net.

Règle 16

La renonciation à la succession

Pour être opposable aux tiers, la renonciation faite par un héritier universel ou à titre universel, doit être faite au tribunal dans le ressort duquel la succession s'est ouverte.

L'héritier qui renonce est censé n'avoir jamais été héritier.

La part de l'héritier renonçant revient à ses représentants, ou à défaut, à ses cohéritiers. S'il est seul, sa part revient au degré subséquent.

Le renonçant n'est donc pas tenu au paiement des dettes et charges de la succession... Toutefois, il reste tenu au paiement des frais funéraires du défunt à la succession duquel il renonce.

L'héritier pourra révoquer sa renonciation en acceptant la succession purement et simplement si elle n'a pas déjà été acceptée par un autre héritier ou si l'Etat n'a pas déjà été envoyé en possession.

Le contenu de la succession : les dettes

Règle 17

Les dettes de la succession qui grèvent l'actif successoral sont :

■ **Les dettes qui existent déjà au moment de la mort** : les impôts, les amendes, les fournitures impayées, les frais médicaux, les gages, les prêts non remboursés, les salaires et honoraires dus…

Une précision : la dette découlant d'une caution est transmise aux héritiers si elle a pris naissance avant le décès du défunt qui s'était porté caution.

■ **Les dettes qui naissent après la mort et sont la conséquence du décès**, comme les droits de mutation, les frais d'administration et de liquidation de la succession… Les loyers doivent également être payés par la succession au conjoint survivant ou au partenaire pacsé, le paiement des legs que le défunt a fait par testament, ainsi que les frais funéraires.

Les cohéritiers contribuent entre eux au paiement des dettes et charges de la succession, chacun dans la proportion de ce qu'il y prend.

Le légataire à titre universel contribue avec les héritiers, au prorata de son legs... Mais le légataire particulier n'est pas tenu des dettes et charges.

Règle 18

Le contenu de la succession : les biens meubles et immeubles

L'actif d'une succession se compose avant tout des biens meubles et immeubles ayant appartenu au défunt, soit les meubles corporels (maison, bijoux…), des meubles incorporels (créances, usufruit, servitude…), des meubles meublants (mobilier, objet…) et des immeubles.

L'estimation doit se faire au moment du décès et non au moment de l'éventuelle expertise… En cas de désaccord, les juges du fond évalueront.

Règle 19

Le contenu de la succession : les dettes des copartageants

Les dettes des copartageants sont rapportables à l'ensemble des biens à partager entre les successibles : lorsque la masse partageable comprend donc une créance à l'encontre de l'un des copartageants, exigible ou non, ce dernier reçoit un lot dans le partage à concurrence de ses droits dans la masse.

La dette s'éteint à due concurrence.

Règle 20

Le contenu de la succession : les donations et legs

Le rapport des donations et legs à l'actif de la succession a pour but de maintenir l'égalité entre les héritiers... Sauf si le défunt en a expressément exprimé une volonté contraire.

Ne doivent être rapportés que les dons et legs faits à des personnes qui ne sont pas héritières.

Tout héritier ayant accepté à concurrence de l'actif, venant à une succession, doit rapporter à ses cohéritiers tout ce qu'il a reçu du défunt par donation entre vifs, directement ou indirectement... A moins que ces dons ont été faits hors part successorale. Les legs sont réputés automatiquement hors part successorale, à moins que le testateur n'ait eu la volonté contraire.

Les dons faits hors part successorale ne peuvent être retenus ni les legs réclamés par l'héritier venant à partage que jusqu'à concurrence de la quotité disponible. L'excédant est sujet à réduction.

L'héritier qui renonce à la succession, peut retenir le don entre vifs, ou réclamer le legs qui lui a été fait, jusqu'à concurrence de la portion disponible, à moins que le disposant ait expressément exigé le rapport en cas de renonciation.

Dans ce cas, le rapport se fait en valeur. Lorsque la valeur rapportée excède les droits qu'il aurait dû avoir dans le partage s'il y avait participé, l'héritier renonçant indemnise les héritiers acceptants à concurrence de cet excédent.

Si les dons et legs sont faits conjointement à deux époux, dont l'un seulement est successible, celui-ci en rapporte la moitié.

Si les dons sont faits à l'époux successible, il les rapporte en entier.

Règle 21

Qui administre la succession ? Le mandat à effet posthume

Le mandat à effet posthume permet à toute personne, à l'avance et de son vivant, de donner mandat à une personne de confiance, héritier ou tiers, d'administrer ou gérer sa succession, sous réserve des pouvoirs confiés à l'exécuteur testamentaire.

Le mandataire peut être un héritier… Il ne peut pas être le notaire chargé du règlement de la succession.

Il est donné pour une durée qui ne peut excéder 2 ans, prorogeable une ou plusieurs fois par décision du juge, saisi par un héritier ou par le mandataire. Toutefois, il peut être donné pour une durée de 5 ans prorogeable dans les mêmes conditions, en raison de l'inaptitude, de l'âge du ou des héritiers, ou de la nécessité de gérer des biens professionnels.

Il doit être accepté par le mandataire avant le décès du mandant.

Il faut que tous les héritiers visés par le mandat aient accepté la succession pour que le mandataire puisse effectuer tous les actes qui lui sont confiés.

Le mandat est gratuit, à moins qu'il n'y ait une convention contraire. S'il est prévu une rémunération, celle-ci doit être expressément déterminée dans le mandat. Cette rémunération est une charge de la succession qui ouvre droit à réduction lorsqu'elle a pour effet de priver les héritiers de tout ou partie de leur réserve.

Le mandataire devra rendre compte de sa gestion aux héritiers intéressés, chaque fin d'année.

Règle 22

Qui administre la succession ? Le mandataire désigné par convention

Lorsque les héritiers sont tous d'accord, l'administration de la succession peut être confiée à l'un d'eux ou à un tiers.

Lorsqu'un héritier au moins a accepté la succession à concurrence de l'actif net, le mandataire ne peut, même avec l'accord de l'ensemble des héritiers, être désigné que par le juge.

Règle 23

Qui administre la succession ? Le mandataire désigné par le juge

Le juge peut désigner toute personne qualifiée, physique ou morale, en qualité de mandataire successoral pour administrer la succession en raison de l'inertie, de la carence ou de la faute, de la mésentente d'un ou plusieurs héritiers.

La demande est formée par un héritier, un créancier, toute personne qui assurait, pour le compte de la personne décédée, l'administration de tout ou partie de son patrimoine de son vivant, toute autre personne intéressée ou par le ministère public.

Tant qu'aucun héritier n'a accepté la succession, le mandataire ne peut accomplir l'ensemble des actes qui lui sont dévolus... Le juge peut autoriser ces actes si c'est dans l'intérêt de la succession.

Le juge fixera la durée de sa mission et sa rémunération… Il pourra aussi le dessaisir en cas de manquement.

Chaque fin d'année, le mandataire remet au juge et à chaque héritier qui le demande, un rapport sur l'exécution de sa mission.

Règle 24

L'indivision

Lorsqu'il y a un seul héritier, cet héritier unique recueille l'ensemble de la succession... Par contre, dès qu'il y a au moins deux héritiers, il y a indivision : les héritiers sont copropriétaires indivis des biens de la succession.

Notons qu'il n'y a pas d'indivision entre un usufruitier et un nu-propriétaire, les héritiers étant titulaires de droits différents.

En cas d'indivision, chaque successible est propriétaire d'une quote-part de la succession... Mais les droits des uns étant imbriqués dans les droits des autres, l'indivision est souvent source de difficultés... voire de conflits.

Toutefois, nul ne peut être contraint de rester dans l'indivision, et le partage peut toujours être provoqué, à moins qu'il n'y ait été sursis par jugement ou convention.

L'indivision légale

Règle 25

Les indivisaires peuvent prendre les mesures nécessaires à la conservation des biens indivis.

Les indivisaires titulaires d'au moins deux tiers des droits indivis peuvent :
— effectuer les actes d'administration relatifs aux biens indivis,
— donner à l'un ou plusieurs des indivisaires ou à un tiers un mandat général d'administration,
— vendre les meubles indivis pour payer les dettes et charges de l'indivision,
— conclure et renouveler les baux autres que ceux portant sur un immeuble à usage agricole, commercial, industriel ou artisanal.

Ils sont tenus d'en informer les autres indivisaires... Dans le cas contraire, les mesures prises seront inopposables à ces derniers.

Le consentement de tous les indivisaires sera requis pour effectuer les actes qui ne ressortent pas de l'exploitation normale des biens indivis et, également, pour effectuer les actes de disposition.

Si l'indivisaire reçoit des revenus ou occasionne des frais pour le compte de l'indivision, il doit en rendre compte sur un état qui est à la disposition des indivisaires.

Chaque indivisaire peut user et jouir des biens indivis conformément à leur destination, dans la mesure où c'est compatible avec le droit des autres indivisaires. A cet effet, l'indivisaire est redevable d'une indemnité.

Chaque indivisaire a droit aux bénéfices provenant des biens indivis et supporte les pertes proportionnellement à ses droits dans l'indivision.

Tout indivisaire peut demander sa part annuelle dans les bénéfices, déduction faite des dépenses entraînées par les actes auxquels il a consenti ou qui lui sont opposables.

L'indivisaire qui gère un ou plusieurs biens indivis est redevable des produits nets de sa gestion. Il a droit à la rémunération de son activité, dans les conditions fixées à l'amiable, ou à défaut, par décision de justice.

Inversement, l'indivisaire répond des dégradations et détériorations qui diminuent la valeur des biens indivis par son fait ou par sa faute.

Les créanciers qui auraient pu agir sur les biens indivis avant qu'il y eût indivision, et ceux dont la créance résulte de la conservation ou de la gestion des biens indivis, seront payés par prélèvement sur l'actif avant le partage. Ils peuvent en outre poursuivre la saisie et la vente des biens indivis.

Les créanciers personnels d'un indivisaire ne peuvent saisir sa part dans les biens indivis.

Les créanciers ont toutefois la faculté de provoquer le partage au nom de leur débiteur ou d'intervenir dans le partage provoqué par lui. Les co-indivisaires peuvent arrêter le cours de l'action en partage en acquittant l'obligation au nom et en l'acquit du débiteur. Ceux qui exerceront cette faculté se rembourseront par prélèvements sur les biens indivis.

Règle 26

L'indivision conventionnelle

Les co-indivisaires, s'ils y consentent tous, peuvent convenir de demeurer dans l'indivision.

A peine de nullité, la convention doit être établie par un écrit comportant la désignation des biens indivis et l'indication des quotes-parts appartenant à chaque indivisaire. Si les biens indivis comprennent des créances, il y a lieu à signification par huissier aux débiteurs... S'ils comprennent des immeubles, il y a lieu aux formalités de la publicité foncière.

La convention peut être conclue pour une durée déterminée qui ne saurait dépasser 5 ans, renouvelable par une décision expresse des parties. Le partage ne peut être provoqué avant le terme convenu qu'autant qu'il y en a de justes motifs.

La convention peut aussi être conclue pour une durée indéterminée. Le partage peut alors être provoqué à tout moment pourvu que cela ne soit pas de mauvaise foi ou à contre-temps.

La convention tendant au maintien de l'indivision requiert la capacité ou le pouvoir de disposer des biens indivis.

Les co-indivisaires peuvent nommer un ou plusieurs gérants choisis ou non parmi eux.

Le gérant a droit, sauf accord contraire, à la rémunération de son travail. Les conditions en sont fixées par les indivisaires, à l'exclusion de l'intéressé, ou à défaut, par le président du tribunal de grande instance.

Le gérant répond, comme mandataire, des fautes qu'il commet dans sa gestion.

Le gérant doit une fois par an, rendre compte de sa gestion aux indivisaires.

Chaque indivisaire est tenu de participer aux dépenses de conservations des biens indivis.

Les indivisaires peuvent convenir qu'au décès de l'un d'eux, chacun des survivants pourra acquérir la quote-part du défunt, ou que le conjoint survivant ou tout autre héritier désigné, pourra se la faire attribuer à charge d'en tenir compte à la succession d'après sa valeur à l'époque de l'acquisition ou de l'attribution.

Si plusieurs indivisaires ou plusieurs héritiers exercent simultanément leur faculté d'acquisition ou d'attribution, ils sont réputés, sauf convention contraire, acquérir ensemble la part du défunt à proportion de leurs droits respectifs dans l'indivision ou la succession.

Lorsque les biens indivis sont grevés d'un usufruit, des conventions peuvent être conclues soit entre les nus-propriétaires, soit entre les usufruitiers, soit entre les uns et les autres. Il peut y avoir pareillement convention entre ceux qui sont en indivision pour la jouissance et celui qui est nu-propriétaire de tous les biens, de même qu'entre l'usufruitier universel et les nus-propriétaires.

Le partage de la masse successorale

Règle 27

La masse successorale comprend les biens existant à l'ouverture de la succession, ou ceux qui leur ont été subrogés, et dont le défunt n'a pas disposé à cause de mort, ainsi que les fruits y afférents.

Elle est augmentée des valeurs soumises à rapport ou à réduction, ainsi que des dettes des co-partageants envers le défunt ou envers l'indivision.

L'égalité dans le partage est une égalité en valeur.

Chaque co-partageant reçoit des biens pour une valeur égale à celle de ses droits dans l'indivision.

S'il y a lieu à tirage au sort, il est constitué autant de lots qu'il est nécessaire. Si la consistance de la masse ne permet pas de former des lots d'égale valeur, leur inégalité se compense par une soulte.

Les biens sont estimés à leur valeur à la date de la jouissance divise telle qu'elle est fixée par l'acte de partage, en tenant compte, s'il y a lieu, des charges les grevant.

Notons que pour éviter le morcellement des héritages, le Code civil permet, sous certaines conditions, l'attribution de certains biens de la succession, à tel ou tel cohéritier plutôt qu'à tel ou tel autre, par attribution préférentielle.

Le partage à l'amiable

Règle 28

Si tous les indivisaires sont présents et capables, le partage peut intervenir dans la forme et selon les modalités choisies par les parties.

Lorsque l'indivision porte sur des biens soumis à la publicité foncière, l'acte de partage est passé devant notaire.

Si un indivisaire est présumé absent ou, par suite d'éloignement, se trouve hors d'état de manifester sa volonté, le juge des tutelles autorise le partage amiable, même partiel, et désigne, s'il y a lieu, un notaire pour y procéder, en présence du représentant du présumé absent ou de son remplaçant désigné par le juge, si le représentant initial est lui-même intéressé au partage.

Si un indivisaire est défaillant, il peut, à la diligence d'un copartageant, être mis en demeure, par acte extrajudiciaire, de se faire représenter au partage amiable.

Faute pour cet indivisaire d'avoir constitué mandataire dans les trois mois de la mise en demeure, un copartageant peut demander au juge de désigner toute personne qualifiée qui représentera le défaillant jusqu'à la réalisation complète du partage. Cette personne ne peut consentir au partage qu'avec l'autorisation du juge.

Le partage à l'amiable peut être partiel ou total. Il est partiel lorsqu'il laisse subsister l'indivision à l'égard de certains biens ou de certaines personnes.

Lorsque plusieurs indivisions existent exclusivement entre les mêmes personnes, qu'elles portent sur les mêmes biens ou sur des biens différents, un partage amiable unique peut intervenir.

Le partage judiciaire

Règle 29

Le partage judiciaire doit être réservé aux cas où il existe un réel conflit entre les copartageants.

Le partage judiciaire a lieu :
— lorsque l'un des indivisaires refuse de consentir au partage amiable ;
— s'il s'élève des contestations sur la manière de procéder au partage ou de le terminer ;
— lorsque le partage amiable n'a pas été autorisé ou approuvé ;
— lorsqu'un indivisaire est présumé absent ou se trouve hors d'état de manifester sa volonté ou encore, est défaillant.

Lorsque plusieurs indivisions existent exclusivement entre les mêmes personnes, qu'elles portent sur les mêmes biens ou sur des biens différents, un partage unique peut intervenir.

Le tribunal du lieu d'ouverture de la succession est exclusivement compétent pour connaître de l'action en partage et des contestations qui s'élèvent soit à l'occasion du maintien de l'indivision soit au cours des opérations de partage.

Si le notaire commis pour établir l'état liquidatif se heurte à l'inertie d'un indivisaire, il peut le mettre en demeure, par acte extrajudiciaire, de se faire représenter.

Faute pour l'indivisaire d'avoir constitué mandataire dans les trois mois de la mise en demeure, le notaire peut demander au juge de désigner toute personne qualifiée qui représentera le défaillant jusqu'à la réalisation complète des opérations.

Les effets du partage

Règle 30

L'effet du partage est de faire cesser l'indivision.

Dès le partage, chaque cohéritier est censé avoir succédé seul et immédiatement à tous les effets compris dans son lot, ou à lui échus sur licitation, et n'avoir jamais eu la propriété des autres effets de la succession.

Toutefois, les actes valablement accomplis soit en vertu d'un mandat des co-indivisaires, soit en vertu d'une autorisation judiciaire, conservent leurs effets quelle que soit, lors du partage, l'attribution des biens qui en font l'objet.

Sous réserve des actes valablement accomplis soit en vertu d'un mandat des co-indivisaires, soit en vertu d'une autorisation judiciaire et qui conservent leurs effets en tout état de cause, tout se passe comme si les biens de la succession avaient été divisés entre les cohéritiers dès le décès. Le partage a donc un effet rétroactif.

A titre d'exemple, l'effet rétroactif du partage a notamment pour conséquence que les ventes que l'héritier aurait pu consentir et qui concernent un bien qui n'est pas dans son lot sont annulées.

Les actions en nullité ou en complément de part

Règle 31

Le partage peut être annulé :
- pour cause de violence,
- pour cause de dol,
- pour cause d'erreur si elle porte sur l'existence ou la quotité des droits des co-partageants ou sur la propriété des biens compris dans la masse partageable.

Le partage peut également être annulé si un des cohéritiers y a été omis. Cet héritier peut toutefois demander de recevoir sa part, soit en nature, soit en valeur, sans annulation du partage.

Lorsque l'un des copartageants établit avoir subi une lésion de plus du quart, le complément de sa part lui est fourni, au choix du défendeur, soit en numéraire, soit en nature. Pour apprécier s'il y a eu lésion, on estime les objets suivant leur valeur à l'époque du partage.

Les frais du partage

Règle 32

Les frais de partage et de la vente des biens successoraux sont prélevés sur la masse partageable et supportés par tous les héritiers, proportionnellement à leur part.

Règle 33

La déclaration de succession

En principe, la déclaration de succession doit être souscrite dès lors que la succession est ouverte.

En sont dispensés :

- **Les héritiers en ligne directe** (enfants, petits enfants...) et **le conjoint survivant** du défunt, lorsque l'actif brut successoral est inférieur à 50 000 euros, et à la condition que ces personnes n'aient pas bénéficié antérieurement, de la part du défunt, d'une donation ou d'un don manuel non enregistré ou non déclaré.

- **Les personnes autres lorsque l'actif brut successoral est inférieur à 3 000 euros**.

Les héritiers, légataires ou donataires, leurs tuteurs ou curateurs, sont tenus de souscrire une déclaration de succession.

Les héritiers responsables solidairement du paiement des droits de succession, l'un d'eux peut rédiger la déclaration au nom de tous.

Les légataires et les donataires doivent chacun rédiger une déclaration pour les biens leur revenant. Ils peuvent toutefois, signer une déclaration unique portant sur toute la succession et signée par chacun d'eux.

Précisions que sous le régime légal – régime de la communauté réduite aux acquêts – chacun des époux conserve l'administration de ses biens propres. Un des époux n'a donc pas qualité pour souscrire une déclaration de succession pour les biens hérités en propre par l'autre époux.

Signalons également l'obligation de déclaration des dépositaires, détenteurs ou débiteurs de titres, sommes ou valeurs dépendant de la succession.

Les délais pour l'enregistrement des déclarations que les héritiers, donataires ou légataires ont à souscrire sont :
— 6 mois à compter du jour du décès, lorsque celui dont on recueille la succession est décédé en France métropolitaine ;
— d'une année, dans tous les autres cas.

Le délai d'une année n'est pas applicable lorsque le décès a lieu en France et que les héritiers sont domiciliés hors de France.

Le jour de l'ouverture de la succession n'est pas compté dans les délais, et si un délai expire un dimanche ou un jour férié, il est prorogé au lendemain.

En cas d'absence, c'est le jugement déclaratif d'absence qui emporte, à partir de sa transcription, tous les effets du décès.

La déclaration de succession détaillée, signée par ceux qui sont tenus de la souscrire, est établie sur une formule imprimée fournie gratuitement par l'administration fiscale.

En ce qui concerne les immeubles situés dans la circonscription de recettes des impôts autre que celle où est souscrite la déclaration, le détail est présenté distinctement, pour chaque recette de la situation des biens, sur une formule fournie par l'administration fiscale et signée par le déclarant.

Les notaires pourront se servir de documents reproduits.

La déclaration de succession doit mentionner les nom, prénoms, date et lieu de naissance de chacun des héritiers ou légataires ou donataires.

Les parties sont tenues de faire connaître dans toute déclaration de succession, s'il existe ou non des donations antérieures consenties à un titre et sous une forme quelconque par le défunt aux héritiers, légataires ou donataires et, dans l'affirmative, le montant de ces donations ainsi que, le cas échéant, les noms, qualités et résidences des notaires qui ont reçu les actes de donation, et la date de l'enregistrement de ces actes.

La déclaration de succession mentionne les nom, prénoms, date et lieu de naissance, date et lieu du décès, domicile et éventuellement les coordonnées du contrat de mariage du défunt.

Enfin, la déclaration de succession mentionne les actifs et les passifs de la succession en tenant compte des biens en toute propriété et des biens en nue-propriété.

A noter que les immeubles doivent être mentionnés avec toutes les indications de situation et de contenance permettant de les identifier.

Les meubles ne sont détaillés que s'ils font l'objet d'une évaluation par les parties qui ont rejeté le bénéfice du forfait.

En ce qui concerne les fonds communs de placement, il n'est pas demandé d'énumérer les valeurs comprises dans le fonds et leur cours de bourse. Seules doivent figurer dans la déclaration de succession la désignation du fonds, l'indication du nombre de parts et la valeur de rachat à la date du décès.

Les déclarations de succession sont enregistrées à la recette des impôts du domicile du décédé quelle que soit la situation des valeurs mobilières ou immobilières à déclarer.

Toutefois, en ce qui concerne les immeubles situés dans la circonscription d'une recette autre que celle du domicile du défunt, le détail est présenté distinctement pour chaque recette de la situation des biens.

Il est loisible aux successeurs de souscrire une déclaration partielle avant l'expiration du délai légal. La déclaration partielle devra être complétée en temps utile.

Evaluation de la succession

Règle 34

Les biens qui font partie de la succession doivent être déclarés à leur valeur vénale – prix auquel un bien peut être vendu d'après l'état du marché – au jour du décès.

L'évaluation de ces biens doit être réalisée par les héritiers.

➤ Les immeubles

Les immeubles doivent être évalués à leur valeur vénale réelle au jour du décès, c'est-à-dire au prix que le propriétaire pourrait obtenir s'il vendait son bien.

Aussi, la valeur des immeubles est déterminée en fonction des caractéristiques du bien (superficie, environnement...) et de l'état du marché de l'immobilier.

Pour vous faire une idée, vous pouvez comparer des ventes récentes de biens similaires.

Pour les biens loués, vous pouvez les évaluer en fonction de son rapport locatif (environ 5% de sa valeur d'achat).

Un abattement de 20% sur la valeur vénale de la résidence principale du défunt est pratiqué si celle-ci est occupée par :
— au moins un enfant mineur ou majeur protégé,
— son conjoint ou partenaire pacsé survivant.

Rappelons, à cet effet, que le conjoint ou partenaire pacsé survivant est exonéré des droits de succession.

➤ Les meubles

Parmi les meubles, il faut différencier :
— les meubles meublants (qui garnissent le logement) : s'ils sont vendus dans les 2 ans suivant le décès, il faut déclarer le produit de la vente. A défaut, il faut déclarer la valeur retenue dans l'inventaire (le notaire compte et évalue les biens) qui a pu être effectué dans les 5 ans suivant le décès ;

— les bijoux et objets de valeur : l'estimation ne peut être inférieure à la valeur déclarée dans un contrat d'assurance au jour du décès ;
— les valeurs mobilières. Elles doivent toutes être déclarées (sauf assurance-vie).

Si le défunt était marié sous un régime de communauté, la plupart des biens sont communs. Seule la moitié de la valeur des biens communs sera soumise aux droits de succession.

➤ L'usufruit

On distingue :
— les biens détenus en usufruit : dont on a un droit d'usage et de perception des fruits,
— les biens en nue-propriété : dont on peut disposer.

Ces deux types de biens sont évalués sur la base d'un barème qui permet de connaître le montant de la part taxable revenant à l'usufruitier et celle revenant au nu-propriétaire. On sait ainsi à combien s'élèvent les droits de succession que chaque héritier doit verser.

Barème de l'évaluation fiscale applicable

Age de l'usufruitier au jour du démembrement	Valeur de l'usufruit	Valeur de la nue-propriété
Moins de 21 ans	90%	10%
de 21 à 31 ans	80%	20%
de 31 à 41 ans	70%	30%
de 41 à 51 ans	60%	40%
de 51 à 61 ans	50%	50%
de 61 à 71 ans	40%	60%
de 71 à 81 ans	30%	70%
de 81 à 91 ans	20%	80%
91 ans et plus	10%	90%

Nous vous mettons en garde quant à sous-évaluer un bien pour payer moins de droits de succession : le fisc, non seulement, contrôle les déclarations de succession mais en plus, il a 3 ans pour contester une évaluation et 10 ans pour réintégrer un bien omis. Notons que si vous êtes de bonne foi et que vous voulez rectifier votre déclaration, vous en avez le droit !

Les droits de mutation par décès

Règle 35

Toute succession qui laisse un actif est passible des droits de mutation par décès, appelés droits de succession.

L'assiette matérielle des droits de succession résulte de la déduction du passif net de l'actif net.

En cas de pluralité d'héritiers, pour déterminer l'assiette matérielle des droits dus par chacun, il y a lieu de considérer deux cas :

- **1er cas : le partage n'est pas encore intervenu au moment de la déclaration de succession** : les droits sont alors calculés sur la fraction de l'actif net recueilli par chacun des héritiers, en tenant compte du testament s'il y en a un.

- **2nd cas : le partage est déjà intervenu au moment de la déclaration de succession** : les droits sont alors calculés selon les répartitions de l'acte de partage.

A la part déterminée, il faut ajouter les donations éventuellement faites antérieurement soumises aux droits de succession... Sauf les biens qui ont fait l'objet d'une donation depuis plus de 6 ans.

Les droits de succession sont calculés sur la part nette recueillie par chaque héritier.

■ **Le calcul des droits s'effectue en trois étapes** :

— un abattement est pratiqué sur la part de chaque héritier. Son montant varie en fonction du lien de parenté avec le défunt ;

— la part nette (diminuée de l'abattement) est soumise à un tarif qui varie en fonction du lien de parenté avec le défunt ;

— une réduction sur le montant à payer peut être accordée.

Les abattements

Règle 36

➤ L'abattement personnel en ligne directe

Il est de 100 000 € sur la part de chacun des ascendants et enfants vivants ou venant en représentation d'un parent décédé pour les décès intervenus à compter du 17 août 2012 (pour les décès intervenus antérieurement, il s'élève à 159 325 €).

➤ L'abattement entre frères et sœurs

En tant que frère ou sœur du défunt, vous bénéficiez d'une exonération de droits de succession si vous remplissez les trois conditions suivantes :
— vous êtes célibataire, veuf(ve), divorcé(e) ou séparé(e) au moment du décès ;
— vous êtes âgé(e) de plus de 50 ans ou handicapé au moment du décès ;
— vous avez été constamment domicilié avec le défunt pendant les 5 ans ayant précédé le décès.

Si ces conditions ne sont pas remplies, les droits de succession sont dus mais vous bénéficiez néanmoins d'un abattement spécifique sur la part de chacun des frères et sœurs. Cet abattement est de 15 932 €.

➤ L'abattement pour les neveux et nièces

Il est de 7 967 € sur la part de chacun des neveux et nièces.

➤ L'abattement en faveur des handicapés

Il s'élève à 159 325 €. Cet abattement concerne les héritiers frappés d'une infirmité physique ou mentale les empêchant de travailler dans des conditions normales de rentabilité. Il peut se cumuler avec les abattements précédents.

➤ Enfin, un abattement de 1 594 €

Cet abattement s'applique en faveur des successeurs qui ne bénéficient pas d'un autre abattement (personnes non parentes).

La part qui revient à chacun est déterminée en fonction de l'ordre des héritiers (enfants, petits-enfants…) et du degré de parenté.

Un barème est ensuite appliqué par fraction. Il est différent suivant le lien de parenté avec le défunt.

Règle 37

Exonérations des droits de succession

➤ Les successions entre époux ou entre partenaires d'un Pacs

Le conjoint survivant et le partenaire de Pacs survivant sont totalement exonérés de droits de succession.

➤ Les successions entre frères et sœurs vivant ensemble

Les frères et sœurs sont exonérés de droits de succession à trois conditions. Au moment du décès du frère ou de la sœur, l'héritier doit remplir les trois conditions suivantes :

— être célibataire, veuf, divorcé ou séparé de corps,

— être âgé de plus de 50 ans ou atteint d'une infirmité le mettant dans l'impossibilité de travailler,

— avoir constamment vécu avec le défunt pendant les 5 années précédant le décès.

➤ Les autres exonérations liées à la qualité du défunt

■ Les successions des victimes de guerre ou d'actes de terrorisme et celles des militaires décédés dans le cadre d'opérations extérieures.

■ Les successions des personnes dispensées du dépôt de la déclaration de succession.

■ Lorsqu'ils sont cités à l'ordre de la Nation, les successions des sapeurs-pompiers décédés dans le cadre d'opérations de secours, ainsi que celles des policiers, gendarmes et agents de douanes décédés dans l'accomplissement de leurs missions.

➤ Les exonérations liées à la qualité du bénéficiaire

Sous certaines conditions, les dons et legs suivants sont exonérés de droits de succession (exonération totale) :

■ Les dons et legs aux régions, départements, communes, à leurs établissements publics et aux établissements publics hospitaliers.

■ Les dons et legs aux établissements publics scientifiques, d'enseignement, d'assistance et de bienfaisance.

■ Les dons et legs aux établissements publics ou d'utilité publique dont les ressources sont exclusivement affectées à des œuvres scientifiques, culturelles ou artistiques.

■ Les dons et legs aux associations ou fondations reconnues d'utilité publique dont les ressources sont affectées à la protection de l'environnement ou des animaux.

➤ Les exonérations liées à la nature des biens transmis

Sont exonérés totalement :
— les reversions de rentes viagères entre époux ou entre héritiers en ligne directe,
— sous certaines conditions, les immeubles classés ou inscrits à l'inventaire supplémentaire des monuments historiques ainsi que les meu-

bles qui en constituent le prolongement historique,
— les œuvres d'art, livres et objets de collection, documents de haute valeur historique ou artistique dont il est fait don à l'Etat avec son agrément.

Sont partiellement exonérés, et sous certaines conditions :
— les biens forestiers ou agricoles,
— les entreprises individuelles ainsi que les parts et actions de sociétés,
— lors de leur 1ère transmission, les logements acquis neufs entre le 1er juin 1993 et le 31 décembre 1994 et entre le 1er août 1995 et le 31 décembre 1995,
— lors de leur 1ère transmission, les logements locatifs acquis entre le 1er août 1995 et le 31 décembre 1996.

Règle 38

La réduction des droits de succession

Après application du barème de l'impôt, une réduction pour charge de famille sur le montant à payer peut être accordée.

Le montant de la réduction varie en fonction du lien de parenté avec le défunt :
— 610 € par enfant vivant ou représenté à partir du 3ème enfant, si la succession est en ligne directe ou entre époux,
— 305 € par enfant à partir du 3ème pour les autres successions ; par exemple, partenaires liés par un pacte civil de solidarité (Pacs), frères ou soeurs, tiers, cousins.

La notice du formulaire de déclaration de succession précise les cas d'exonérations et les conditions éventuelles à remplir pour en bénéficier.

Concernant certains biens, même s'ils sont exonérés de droits de succession, prenez garde de les mentionner sur la déclaration de succession.

Règle 39

Le barème

Les droits de succession et de donation sont calculés sur la valeur des biens transmis, selon un barème progressif et après déduction d'un abattement.

Les abattements pour le calcul des droits de succession et de donation dépendent du lien de parenté entre le défunt et ses héritiers ou entre donateur et donataire.

Dans certains cas, une réduction peut s'appliquer sur les droits de succession et de donation.

Tarifs des droits de succession en ligne directe

Montant taxable après abattement	Taux par tranche de part taxable
Moins de 8 072 €	5%
Entre 8 072 € et 12 109 €	10%
Entre 12 109 € et 15 932 €	15%

Entre 15 932 € et 552 324 €	20%
Entre 552 324 € et 902 838 €	30%
Entre 902 838 € et 1 805 677 €	40%
Supérieure à 1 805 677 €	45%

Tarifs des droits de donation entre époux ou partenaires pacsés

Montant taxable après abattement	Taux par tranche de part taxable
Moins de 8 072 €	5%
Entre 8 072 € et 15 932 €	10%
Entre 15 932 € et 31 865 €	15%
Entre 31 865 € et 552 324 €	20%
Entre 552 324 € et 902 838 €	30%
Entre 902 838 € et 1 805 677 €	40%
Supérieure à 1 805 677 €	45%

Concernant les décès survenus depuis le 22 août 2007, les conjoints survivants et les partenaires liés au défunt par un pacte civil de solidarité (PACS) sont exonérés des droits de succession.

Tarifs des droits de succession entre frères et soeurs

Montant taxable après abattement	Taux par tranche de part taxable
Inférieure à 24 430 €	35%
Supérieure à 24 430 €	45%

Depuis le 22 août 2007, le frère (ou la sœur) du défunt est exonéré des droits de succession sous certaines conditions.

Tarifs des droits de successions en ligne collatérale et entre non-parents

Montant taxable après abattement	Taux par tranche de part taxable
Succession entre parents jusqu'au 4ème degré inclus	55%
Succession entre parents au-delà du 4ème degré ou entre personnes non parentes	60%

Les enfants adoptés par la voie de l'adoption simple acquittent les mêmes droits que les personnes non parentes (60%). Toutefois, il y a des exceptions (enfant issu d'un 1er mariage, enfant pris en charge pendant plus de 5 années consécutives...).

Le paiement des droits de succession

Règle 40

Vous réglez les droits de succession au service des impôts des entreprises (SIE) ou pôle enregistrement lors du dépôt de la déclaration.

Vous pouvez régler selon votre choix :
— en espèces,
— par chèque,
— par remise d'œuvres d'art, livres ou objets de collection présentant un intérêt exceptionnel, après agrément ministériel,
— par remise d'immeubles situés dans les zones d'intervention du conservatoire du littoral et des rivages lacustres, après agrément ministériel.

Vous pouvez différer le paiement des droits de succession sous certaines conditions moyennant le versement d'intérêts, à condition d'hériter de la nue-propriété d'un bien.

Vous pouvez également profiter du paiement fractionné des droits sous certaines conditions.

Dans ce cas, après avoir présenté des garanties suffisantes, vous versez les droits sur un délai de cinq ou dix ans, moyennant le versement d'intérêts.

Le paiement des droits dus sur les transmissions d'entreprises peut, sous certaines conditions, être différé pendant cinq ans puis fractionné pendant dix ans.

Les formalités lors du décès

Règle 41

Nous ne rappellerons jamais assez qu'il peut être très judicieux de prévoir, de son vivant, sur papier libre, les conséquences de son décès.

Effectivement, en plus de régler vous-même le déroulement de vos obsèques et ce qui s'y rattachent, vous y compléterez l'ensemble de vos coordonnées : comptes bancaires, les assurances, la sécurité sociale, la mutuelle, le notaire... Cela facilitera grandement la vie de vos proches dans les jours qui suivront votre décès.

Vous prendrez soin de mettre ces documents dans une enveloppe que vous remettrez à l'un de vos proches... ou dans un endroit connu de vos proches.

Vous pourrez également transcrire vos dernières volontés relatives à vos obsèques dans votre testament.

Si, de son vivant, aucune disposition n'avait été prise, alors l'organisation des obsèques reviendra aux proches... Les parents pour un enfant, les enfants pour un parent... A moins qu'il n'y ait un conjoint survivant.

En cas de désaccord entre membres de la famille, il faudra saisir le tribunal d'instance du lieu du décès ou du dernier domicile connu si le décès est survenu à l'étranger.

Seul un médecin pourra constater le décès... Soit le médecin traitant, soit le médecin de l'établissement de soins si le défunt était hospitalisé.

Ce constat est retranscrit sur un formulaire spécial qui est indispensable pour obtenir le permis d'inhumer ou d'incinération.

Si le défunt avait souscrit une assurance-vie, le médecin délivrera un certificat de constat de mort naturelle, à envoyer dans les 24 heures à l'organisme assureur.

La déclaration du décès se fait à la mairie du lieu de décès dans un délai de 24 heures après le décès. Les jours de fermeture des bureaux d'état civil de la mairie ne sont pas pris en compte.

La déclaration du décès entraîne automatiquement l'établissement de l'acte de décès.

L'acte de décès sera dressé par l'officier d'état civil de la commune où le décès a eu lieu, sur la déclaration d'un parent du défunt ou sur celle d'une personne possédant sur son état civil les renseignements les plus exacts et les plus complets qu'il sera possible.

Il est conseillé de faire établir plusieurs copies de l'acte de décès et de la fiche d'état civil du défunt, documents qui seront demandés lors des diverses formalités faisant suite au décès.

La déclaration de décès se fait sur présentation du constat de décès et du livret de famille du défunt.

A défaut du livret de famille, il sera demandé une pièce d'identité complétée par le plus de renseignements possibles sur les origines et la famille du défunt. Un mineur peut effectuer une déclaration de décès, de même qu'un non parent, à condition de pouvoir justifier de son état civil.

Règle 42

Le permis d'inhumer ou d'incinération

Le permis d'inhumer ou d'incinération sera demandé à la mairie du lieu d'inhumation ou d'incinération sur présentation, par la personne qui se charge de l'inhumation ou de l'incinération du défunt, de l'acte de décès.

Le délai d'inhumation ou d'incinération va de 24 heures à 6 jours.

En cas d'incinération, l'accord préalable, signé du défunt, ou à défaut, l'accord de la famille, est nécessaire, ainsi qu'un certificat attestant que la crémation ne pose pas de problème médico-légal.

Le transport du corps peut être demandé par toute personne qui assume la charge de l'inhumation ou de l'incinération, et peut justifier de son état civil et de son domicile. Le plus souvent c'est une entreprise de pompes funèbres qui se chargera du transport du corps.

Le transport du corps doit avoir lieu dans un délai maximum de 18 heures après la mort, délai porté à 35 heures au cas où le défunt a subi des soins de conservation.

L'accord du médecin d'état civil et du maire de la commune du décès est requis, ainsi que la présence d'un officier de police au départ et à l'arrivée.

En cas d'incinération, le transport des cendres ne peut se faire qu'accompagné d'un certificat d'incinération.

Si le défunt avait fait don de son corps ou don d'organes, le transport du corps au Centre de recherches ou à l'hôpital doit s'effectuer dans les 24 heures.

Règle 43

Dans les 15 jours qui suivent le décès : le notaire

Il y a lieu de contacter le notaire le plus rapidement possible, notamment pour savoir si le défunt avait fait un testament ou une donation non éteinte par la prescription.

Le notaire doit être aussi contacté dans tous les cas si la succession comprend des biens immobiliers.

Le notaire doit aussi être contacté dès lors qu'il y a lieu à paiement de droits de succession.

Si le notaire chargé du règlement de la succession détient assez de fonds, il versera lui-même les droits de succession en même temps que la déclaration de succession. A défaut, il les demandera aux héritiers.

Le dossier une fois réglé, le notaire remettra à chaque héritier la part qui lui revient, déduction faite des droits de mutation, des frais annexes et de ses honoraires.

A noter que le notaire peut se faire remettre, sous sa responsabilité, les avoirs en dépôt dans les banques ou caisses d'épargne. Sur les sommes ainsi recueillies, il peut prélever tous les droits, frais et honoraires qu'il a avancés pour la succession et répartir ensuite le restant entre les héritiers au prorata de leurs droits.

S'il y a litige entre les héritiers, il ne pourra pas être procédé à une répartition des sommes restantes et les sommes seront consignées sur un compte ouvert à la Caisse des dépôts et consignations, en attendant que la répartition puisse être possible.

Règle 44 Dans les 15 jours qui suivent le décès : les établissements bancaires

Les divers établissements bancaires doivent être avertis du décès le plus rapidement possible afin de bloquer les comptes avant de les clôturer, acte de décès et si possible, numéro du compte à l'appui.

En règle générale, le déblocage des comptes ne peut intervenir que sur production :

— soit du certificat d'hérédité, établi gratuitement par la mairie sur présentation d'un acte de décès, du livret de famille et éventuellement de deux témoins, si la somme à percevoir est inférieure à 3 000 euros ;

— soit d'un certificat de propriété établi par le notaire, pour toute somme supérieure à 3 000 euros.

Par exception, les frais d'obsèques peuvent le plus souvent être prélevés sur le compte bloqué dans la limite de 2 300 euros sur présentation de quittances justificatives des pompes funèbres.

■ **Les comptes joints** : le décès d'un co-titulaire ne bloque pas le compte. Toutefois, la possibilité de continuer à retirer de l'argent sur le compte joint pour le survivant n'implique pas la propriété des sommes figurant au compte joint ou des sommes retirées. Du point de vue successoral, notamment, seule la moitié de l'actif est présumée appartenir au survivant. L'autre moitié devra être rapportée à l'actif de la succession.

■ **Si le défunt était locataire d'un coffre** : seul le notaire chargé de la succession ou un huissier de justice peut ouvrir le coffre, en présence des héritiers ou des légataires et d'un responsable de la banque.

■ **En cas de location conjointe**, le coffre est donc en indivision : les indivisaires ne peuvent accéder au coffre l'un sans l'autre sauf à se donner pouvoir mutuel. Le pouvoir prend fin automatiquement avec le décès. L'accès au coffre est alors bloqué puisque le pouvoir conféré par la personne décédée au survivant n'est plus valable.

■ **En cas de location solidaire**, la solidarité permet aux cotitulaires du coffre d'agir chacun seul et donc d'accéder seul au coffre. En cas de décès de l'un d'entre eux, les héritiers qui viennent le représenter peuvent, soit maintenir cette solidarité et laisser les survivants accéder au coffre, soit le refuser et faire opposition, auquel cas les cotitulaires survivants ne peuvent plus accéder seuls au coffre.

■ **Si le coffre a été loué à deux noms**, son contenu est supposé, sauf preuve contraire, appartenir par moitié à chacun des colocataires.

Règle 45

Dans les 15 jours qui suivent le décès : l'employeur

Naturellement, l'employeur doit être avisé dans les plus brefs délais du décès de son salarié, décès qui met automatiquement fin au contrat de travail.

Il est conseillé de joindre copie de l'acte de décès notamment si l'on demande à l'employeur la délivrance des salaires dus et de certains papiers comme, par exemple, copie des derniers bulletins de salaire ou un reçu pour solde de tout compte.

■ **Si le défunt était fonctionnaire**, demander à l'employeur le versement du capital décès.

Eventuellement, demander le déblocage anticipé de l'épargne salariale du défunt, tout en conservant le bénéfice des exonérations fiscales.

Informer les employés à domicile du devenir de leur contrat de travail. Au décès du particulier employeur, le contrat de travail peut se poursuivre si la personne qui vivait en couple avec le défunt décide de garder le salarié à son service. Dans ce cas, un avenant au contrat doit être établi afin de préciser le nom du nouvel employeur et la date de ce changement.

■ **Si l'employeur vivait seul ou si son conjoint ne souhaite pas garder le salarié à son service**, le contrat de travail prend fin le jour du décès.

■ **Si les héritiers de l'employeur acceptent la succession**, ils doivent notifier au salarié son licenciement et lui verser son dernier salaire ainsi que les indemnités de préavis, de licenciement et de congés payés.

■ **Si les héritiers renoncent à la succession**, c'est le tribunal de grande instance (TGI) du domicile du défunt qui règle la succession.

Dans tous les cas, le conjoint ou les héritiers doivent adresser au centre national du CESU une copie de l'acte de décès et selon la situation :

— communiquer les coordonnées du notaire chargé de la succession,
— ou signaler le changement d'employeur,

— ou adresser un exemplaire de la renonciation à la succession établie auprès du greffe du TGI,
— informer Pôle emploi.

Dans certaines situations, une allocation décès sera versée.

Règle 46

Dans les 15 jours qui suivent le décès : les organismes sociaux

Une copie de l'acte de décès ainsi que le numéro de sécurité sociale ou le numéro d'adhérent doivent être envoyés le plus rapidement possible à tous les organismes sociaux ou d'aide sociale dont relevait le défunt.

Il s'agira de :

- Informer la caisse d'assurance maladie du défunt.
- Demander le versement du capital décès pour les ayants droit (si le défunt était salarié dans le secteur privé).
- Demander le versement de la rente d'ayant droit d'accidenté du travail.

■ Demander le remboursement des frais de maladie qui seraient encore dus au défunt.

■ Les ayants droit du défunt bénéficient, à compter du décès, du maintien de droits aux prestations en nature de l'assurance maladie pendant 1 an.

■ Informer la complémentaire santé (mutuelle).

■ Informer les organismes qui versent les prestations familiales.

■ Demander des aides pour la famille du défunt :
— l'allocation veuvage,
— l'allocation de soutien familial,
— le revenu de solidarité active (RSA),
— l'allocation de solidarité aux personnes âgées (ex-minimum vieillesse),
— une allocation logement,
— la couverture maladie universelle (CMU).

■ Informer la caisse de retraite et la caisse complémentaire du défunt (s'il était retraité) et demander :
— le versement d'une pension de réversion pour les ayants droit,
— la pension de réversion de veuf ou de veuve invalide.

L'organisme social concerné procédera à la régularisation des comptes et versera les prestations légalement ou contractuellement due à l'ayant droit du défunt.

Toute personne qui a payé les frais d'obsèques peut en demander le remboursement à la caisse de retraite dont relevait le défunt, en produisant l'acte de décès et la facture des frais. Ces frais sont remboursés dans la limite d'un plafonds. Ils sont prélevés sur la pension due et non encore payée au jour du décès. Ce remboursement est prioritaire à tout paiement du reliquat de pension.

Il ne faut pas oublier que certaines prestations sociales sont récupérables, en totalité ou en partie, directement sur l'actif de la succession ou sur les héritiers.

Dans le mois qui suit le décès : les assurances

Règle 47

Il vous faudra interroger les structures nationales de gestion des assurances pour savoir si vous êtes ou non bénéficiaire d'un contrat d'assurance-vie ou d'assurance-décès.

En matière d'assurance-vie, les actions sont prescrites dans un délai de 2 ans à partir de l'événement qui y donne naissance ; le souscripteur du contrat ne peut plus alors agir en justice contre l'assureur. Toutefois, dans certaines situations, le délai de prescription est plus long (de 10 à 30 ans).

Le délai de prescription doit faire l'objet d'une information claire dans le contrat. A défaut, l'assuré peut engager une action contre l'assureur sans l'application d'un délai déterminé pour agir.

Vous devrez également informer les compagnies d'assurance avec lesquelles le défunt a contracté une assurance habitation ou une assurance véhicule.

Règle 48

Dans le mois qui suit le décès : le logement... et ses conséquences

Là encore, quelques formalités à effectuer :

■ **Informer les entreprises qui gèrent les communications** (téléphone fixe, mobile, accès internet, la poste), les fournisseurs d'énergie et le service des eaux que le titulaire du contrat est décédé. Le contrat peut alors être interrompu ou modifié.

■ **Informer le(s) locataire(s)**, notamment pour préciser les coordonnées de la personne qui encaissera les loyers, si le défunt était propriétaire-bailleur d'un logement.

■ **Informer le bailleur**, si le défunt était locataire d'un logement.

La personne vivant avec le défunt au moment du décès peut se maintenir dans le logement en devenant titulaire du bail, dans des conditions qui varient suivant le lien qui l'unit au défunt : mariage, Pacs ou concubinage.

Le conjoint survivant bénéficie de droits sur le logement familial : il peut y rester gratuitement pendant 1 an et, sous certaines conditions, bénéficier d'un droit d'habitation à vie.

Durant l'année suivant le décès, le conjoint survivant a le droit de rester gratuitement dans le logement qui constituait sa résidence principale.

Les frais liés à son occupation sont à la charge des héritiers (si le logement était loué, les héritiers doivent payer les loyers pendant 1 an).

Le conjoint survivant ne peut pas être privé de ce droit, même par testament du défunt.

Enfin, le partenaire de Pacs survivant bénéficie également de ce droit temporaire au logement.

1. Le couple est marié

■ Si le couple était propriétaire

Le conjoint survivant peut demander à bénéficier, à vie, d'un droit d'habitation sur le logement et d'un droit d'usage sur le mobilier de ce logement, sous réserve que les conditions suivantes soient remplies :
— le conjoint survivant occupait le logement à titre de résidence principale au moment du décès de son conjoint,
— ce logement appartenait aux deux époux ou dépendait totalement de la succession,
— et le défunt n'a pas privé son conjoint de ce droit par testament authentique.

Pour bénéficier du droit d'habitation, le conjoint survivant doit en faire la demande dans l'année suivant le décès.

■ Si le couple était locataire

Si le logement que le couple occupait était loué, le conjoint survivant peut seulement bénéficier d'un droit d'usage sur le mobilier.

Toutefois, si les époux sont cotitulaires du bail assurant leur logement... Dans ce cas, le conjoint survivant dispose d'un droit exclusif sur ce bail.

A défaut, par exemple si le couple ne vivait pas ensemble, le conjoint survivant peut demander le transfert du bail à son profit. Si d'autres héritiers le réclament également, c'est le juge qui tranche en fonction de l'intérêt de chacun.

2. Le couple est pacsé

■ **Lorsque les partenaires liés par un pacte civil de solidarité ont signé le bail**, ils sont titulaires du bail et par conséquent tous deux locataires. En revanche, lorsqu'un seul des partenaires a signé le bail, il est l'unique titulaire du bail. Son partenaire qui n'a pas signé le bail ne bénéficie pas du bail et n'a aucun droit sur ce logement.

Qu'ils aient ou non signé tous les deux le bail, les partenaires liés par un Pacs sont tenus solidairement au règlement du loyer et des charges c'est-à-dire que chacun peut être tenu de payer le loyer dans sa totalité. Ainsi, en cas d'impayé, le propriétaire peut poursuivre les deux partenaires, ou réclamer le paiement uniquement à l'un d'eux si ce choix lui permet d'encaisser plus facilement son dû.

Le propriétaire qui demande une augmentation de loyer lors du renouvellement du bail doit envoyer la proposition à chacun des partenaires. Toute notification faite seulement à l'un d'eux est nulle, sauf si le propriétaire n'avait pas connaissance du Pacs.

Lorsque le bail a été signé par les partenaires, le congé du propriétaire doit être délivré individuellement à chacun d'eux. L'exigence de cette double notification suppose l'envoi de deux lettres séparées. A défaut, le congé délivré à un seul des partenaires ne sera opposable à l'autre qui pourra se maintenir dans le logement.

En revanche, si un seul des partenaires a signé le bail, le propriétaire ne doit notifier le congé qu'à lui seul.

■ Comment les partenaires ou l'un d'eux doit-il donner congé ?

Les partenaires peuvent décider ensemble de donner congé au propriétaire en lui adressant qu'une seule lettre recommandée avec avis de réception. Cette lettre doit faire apparaître les noms et signatures des partenaires.

Si les partenaires choisissent d'envoyer chacun une lettre recommandée, l'envoi de ces lettres doit être fait de manière simultanée.

Un des partenaires peut également décider de donner congé au propriétaire alors que le bail a été signé par les deux partenaires. Ce congé ne modifie pas la situation de l'autre partenaire qui reste titulaire du bail. Pour autant, le partenaire sortant, même s'il n'est plus locataire, reste tenu solidairement au règlement du loyer et des charges jusqu'à l'expiration du bail dès lors que celui-ci comporte une clause de solidarité.

■ Que devient le bail en cas de séparation des partenaires ?

Le partenaire qui décide de quitter le logement reste tenu solidairement au règlement du loyer et des charges jusqu'à la résiliation du Pacs.

■ Que devient le bail en cas d'abandon ou décès du titulaire du bail ?

Lorsque le partenaire, seul titulaire du bail, abandonne le logement ou décède, l'autre partenaire bénéficie du transfert du bail. Pour cela, il lui suffit de justifier qu'il était bien lié par un Pacs à la date de l'abandon ou du décès de son partenaire.

S'il s'agit d'un logement social (par exemple, HLM), le partenaire restant doit disposer de ressources inférieures aux plafonds exigés pour l'attribution d'un tel logement.

3. Le couple vit en concubinage

Lorsque les deux concubins ont signé le bail, ils sont titulaires du bail et par conséquent tous deux locataires. En revanche, lorsqu'un seul des concubins a signé le bail, il est l'unique titulaire du bail. Le concubin qui n'a pas signé le bail n'a aucun droit sur ce logement.

Lorsqu'un seul concubin a signé le bail, il est le seul responsable du paiement du loyer et des charges.

Lorsqu'en revanche les concubins ont signé le bail, ils sont tenus à titre personnel au règlement de la moitié du montant du loyer et des charges, sauf clause contraire du bail.

Le propriétaire peut insérer une clause imposant la solidarité entre concubin exprimant que chaque concubin est responsable du paiement de la totalité du loyer et des charges. Ainsi, en cas d'impayé, le propriétaire peut réclamer la totalité du paiement aux deux concubins, ou réclamer le paiement uniquement à l'un d'entre eux.

Le propriétaire qui demande une augmentation de loyer doit envoyer sa proposition à chacun des concubins. Toute notification faite seulement à l'un des concubins est nulle, sauf si le propriétaire n'avait pas connaissance du concubinage.

■ A qui le propriétaire doit-il délivrer le congé ?

Le congé du propriétaire doit être délivré à chacun des concubins par l'envoi de deux lettres séparées. Le congé délivré à un seul des concubins ne sera pas opposable à l'autre qui pourra se maintenir dans le logement.

En revanche, si seul un des concubins a signé le bail, le propriétaire ne notifie le congé qu'à lui seul.

■ Comment les concubins doivent-ils donner congé ?

Les concubins peuvent décider ensemble de donner congé au propriétaire en lui adressant une seule lettre recommandée avec avis de réception. Cette lettre doit faire apparaître les noms et signatures des concubins.

Si les concubins choisissent d'envoyer chacun une lettre recommandée, l'envoi de ces lettres doit être fait de manière simultanée.

Un des concubins peut également décider de donner congé au propriétaire alors que le bail a été signé par les deux concubins. Ce congé ne modifie pas la situation du concubin restant qui reste titulaire du bail. Pour autant, le concubin sortant, même s'il n'est plus locataire, reste tenu solidairement au règlement du loyer et des charges jusqu'à la fin du bail dès lors que celui-ci comporte une clause de solidarité.

■ Que devient le bail en cas de séparation ?

Lorsque les concubins ont signé le bail et que seul l'un d'eux donne congé, si le bail ne contient pas de clause de solidarité, le concubin ayant donné congé perd tous ses droits sur le logement et est libéré du paiement des loyers et des charges. A l'inverse, si le bail contient une clause de solidarité, le concubin ayant donné congé reste tenu solidairement du règlement du loyer et des charges, même s'il a libéré les lieux, et cela jusqu'à la fin du bail.

■ Que devient le bail en cas d'abandon ou décès ?

Lorsque le concubin titulaire du bail abandonne le domicile ou décède, le concubin restant peut poursuivre le bail et devenir locataire s'il remplit les conditions suivantes :

— le concubin restant doit pouvoir justifier qu'il vivait depuis au moins 1 an avec son concubin avant l'abandon du domicile ou son décès,

— le concubinage devait être un concubinage notoire c'est-à-dire fait de relations continues, stables et connues.

Si le défunt était propriétaire de son logement, la personne avec qui il vivait peut s'y maintenir, au moins quelques temps, en jouissant du mobilier qui le garnit, dès lors qu'elle est liée au défunt par un mariage ou par un Pacs.

Règle 49

Dans les 6 mois qui suivent le décès : la déclaration de succession, les impôts, la carte grise... et le reste !

Le délai pour l'enregistrement des déclarations de succession est de 6 mois lorsque le décès a lieu en France, un an dans les autres cas.

Les héritiers ou le notaire disposent de 6 mois pour se mettre en relation avec les divers services des impôts dont relevait le défunt.

Les sommes dues par le défunt sont payées par l'héritier sur la base d'imposition, copie à l'appui de l'acte d'hérédité délivrée par le notaire.

L'héritier d'une voiture doit faire établir une nouvelle carte grise à son nom. A la demande du transfert de propriété, il y a lieu de joindre une attestation du notaire indiquant que la voiture se trouve dans la succession en donnant la liste des héritiers et une lettre de désistement des autres héritiers en faveur de celui qui demande que la carte grise soit mise à son nom.

Il est admis que le conjoint survivant usufruitier de la totalité de la succession peut se servir de la carte grise du défunt.

Avant toute revente à un tiers, un véhicule tombé dans une succession doit être immatriculé au nom de l'héritier ou d'un des héritiers sauf si cette revente intervient dans un délai n'excédant pas 3 mois suivant le décès du titulaire de la carte grise ou sauf si, depuis le décès du titulaire, le véhicule n'a pas circulé sur les voies ouvertes à la circulation publique.

Et le reste ?

■ **Le courrier** : il faudra prouver sa qualité d'héritier pour pouvoir retirer un courrier adressé au défunt par une pièce d'identité, copie du certificat de décès et un certificat d'hérédité.

■ **Le registre du commerce et des sociétés** : déclaration devra être faite par les héritiers au greffe du tribunal de commerce ou du tribunal de grande instance ou du centre de formalité des entreprises. Au plus tard, un an après, le greffier procédera à la radiation d'office. Les héritiers prendront soin de ne pas tarder pour éviter l'exigibilité de nouvelles charges sociales et fiscales. Si l'exploitation continue pendant l'indivision, les héritiers indiqueront leurs coordonnées complètes, copie de l'acte d'hérédité et les conditions dans lesquelles l'exploitation continue.

■ **Les meubles en dépôt** : les meubles laissés en dépôt ou dans les lieux loués par le défunt reviennent aux héritiers selon les règles du partage.

Si le notaire ne retrouve pas d'héritiers, le propriétaire du lieu où les meubles sont en dépôt ou des lieux loués peut, par simple lettre adressée au procureur de la République, demander que la succession non réclamée soit déclarée vacante.

■ **Le cautionnement** : dans la mesure où la caution doit être payée par la succession, en application de l'acte de caution, la caution constitue une dette des héritiers. Il y a donc lieu de se référer à l'acte de caution pour savoir s'il y a caution solidaire après décès.

Règle 50

Récapitulatif du calendrier

➤ Dans les 24 heures

■ Faire constater le décès et aborder les questions relatives au prélèvement d'organes et au don du corps.

■ Effectuer la déclaration de décès à la mairie du lieu de décès.

➤ Dans les 6 jours

■ Organiser les obsèques.

➤ Au plus tôt et dans le mois

■ Demander une copie d'acte de décès et se munir de documents attestant de sa capacité à faire les formalités utiles.

■ Saisir le juge des tutelles du tribunal de grande instance, si le défunt laisse des enfants mineurs.

■ Trier et conserver les papiers du défunt.

■ Demander à un huissier un inventaire des biens mobiliers, voire une apposition de scellés.

■ Informer les banques du défunt.

■ Informer l'employeur (et si le défunt était fonctionnaire, demander le versement du capital décès).

■ Informer les organismes de protection sociale et leur demander les aides possibles.

■ Informer les compagnie d'assurance.

■ Informer les entreprises qui gèrent les communications, les fournisseurs d'énergie et le service des eaux.

■ Informer le bailleur, si le défunt était locataire.

■ Informer les locataires, si le défunt était bailleur.

■ Gérer la rupture du contrat de travail des employés à domicile.

➤ Dans les 6 mois

■ Déclencher le règlement de la succession.

■ Faire une déclaration de succession et s'acquitter des droits.

■ Modifier le nom du propriétaire sur le certificat d'immatriculation, si le défunt possédait un véhicule.

➤ Dans l'année

■ Déclarer aux services des impôts les revenus perçus par le défunt l'année de son décès.

Source : service-public.fr

Ce livre s'adresse, aussi, à tous ceux qui possèdent une assurance vie, un plan d'épargne populaire, un plan d'épargne en actions, un plan d'épargne retraite populaire, un contrat de retraite Madelin, une retraite en entreprise, un plan d'épargne salariale dont la sortie se fait - selon les cas, facultativement ou obligatoirement - via une rente viagère.

Enfin, la fiscalité des rentes viagères est exposée en détail, qu'il s'agisse des rentes à l'issue d'un placement ou de rentes ayant pour origine un bien immobilier.

L'auteur, Bernard Le Court, Docteur en droit, juriste et fiscaliste, est journaliste économique et financier, expert en placements financiers.

Dans cet ouvrage, les auteurs ont voulu utiliser leur expérience de sophrologues pour proposer à travers la journée de Thomas, un homme stressé, un plan de travail accessible à tous.

Ils vous proposent des exercices faciles à pratiquer dans la vie quotidienne, vous développerez ainsi votre schéma corporel et découvrirez les sensations internes

Disponible sur www.puitsfleuri.com

CHIRAT
Imprimeur - Relieur

Achevé d'imprimer sur les presses de l'Imprimerie Chirat
42540 Saint-Just-la-Pendue
Dépôt légal mars 2014
N° 201403.0066

Imprimé en france